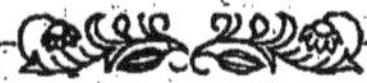

PROCÈS

DE

L'INDÉPENDANT DE L'OUEST

DU 23 JANVIER 1850.

PRIX 30 CENTIMES.

LAVAL

IMPRIMERIE DE H. GODBERT, LIBRAIRE-LITHOGRAPHE.

1850.

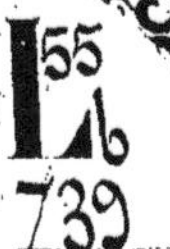

COUR D'ASSISES DE LA MAYENNE.

PRÉSIDENCE DE M. BOURCIER.

(Audience du 23 janvier 1850.)

PROCÈS DE L'INDÉPENDANT DE L'OUEST.

ACQUITTEMENT.

L'affaire de l'*Indépendant de l'Ouest* a attiré une grande affluence d'amis et de curieux. Une foule compacte se presse dans l'auditoire public et dans l'enceinte réservée.

Le siège du ministère public est occupé par M. COMPANS, PROCUREUR-GÉNÉRAL près la Cour d'Appel d'Angers.

Le gérant de l'*Indépendant de l'Ouest* est assisté de M. CHARLES MULLER, rédacteur en chef du journal.

M. le président annonce que des mesures sont prises pour empêcher toute marque d'approbation ou d'improbation, soit pendant les débats, soit après la lecture du verdict.

On remarque dans l'auditoire un déploiement de forces inaccoutumé.

Interrogé par M. le président, le prévenu déclare se nommer Lemoine (Jean-Baptiste), être âgé de 70 ans, né à Cuillé, et être gérant de l'*Indépendant de l'Ouest*.

Le greffier donne lecture des pièces de la poursuite.

Voici les articles incriminés :

(*Indépendant de l'Ouest du* 21 *octobre* 1849.)

Nous avons publié dans un de nos derniers numéros la lettre que le Roi a écrite à M. Henri de Genoude au sujet de la mort de notre illustre maître. Certains journaux qui seraient fort embarrassés de dire ce qu'ils veulent, ont prétendu voir dans une phrase de cette lettre une condamnation de la ligne politique que nous suivons.

Nous croyons donc qu'il n'est pas inutile de remettre cette lettre sous les yeux de nos lecteurs :

« Frohsdorf, 10 septembre 1849.

« J'ai ressenti bien profondément, Monsieur, le coup si « douloureux et si imprévu qui vous a ravi celui que vous « pleurez. J'ai constamment rendu pleine justice à la fer- « meté de son caractère, à son talent, à son zèle infatigable « pour la défense des grands principes auxquels tiennent « essentiellement le repos et le bonheur de notre patrie. J'ai « regretté seulement de m'être vu obligé, en plusieurs occa- « sions, de désapprouver dans sa marche politique ce qui, « bien certainement contre sa volonté, pouvait être dange- « reux, et n'avait souvent pour effet que de nous affaiblir en « nous divisant. Mais je n'en conserve pas moins le souvenir « de son inviolable fidélité à la sainte cause que nous défen- « dons tous, et qui est celle de la France. Héritiers de son « nom et de ses sentiments, ses fils continueront à se mon- « trer dignes de lui, et je compterai toujours sur leur dévoue- « ment comme je comptais sur le sien.

« Soyez, dans cette triste circonstance, mon interprète « auprès de votre frère et de toute votre famille, et recevez, « Monsieur, l'assurance de toute mon affection.

« HENRI. »

Qu'y a-t-il dans cette lettre? Un grand hommage rendu au caractère de l'homme éminent qui a sacrifié sa fortune et sa vie à la cause que nous défendons. Nous dirons plus : cette lettre est une solennelle approbation DES PRINCIPES soutenus dans la *Gazette de France*. La Royauté héréditaire, le suffrage universel, l'appel au peuple, voilà ces principes.

Nous n'avions pas besoin de cette déclaration du Roi, pour savoir que nous étions dans la ligne qui est la sienne. A Londres, il s'était exprimé assez clairement déjà. *Par la France ou pas*, telle a toujours été sa devise. L'appel au peuple ne peut donc pas être une doctrine contraire à son sentiment, puisque l'appel au peuple est le seul moyen de faire éclater la volonté de la France en sa faveur.

Le Roi dit dans sa lettre qu'il *regrette seulement de s'être vu obligé, en plusieurs occasions, de désapprouver ce qui, bien certainement contre la volonté* de M. de Genoude, *pouvait être dangereux et n'avait souvent pour effet que de nous affaiblir en nous divisant.* Nous nous inclinons respectueusement devant ce jugement, mais y a-t-il là une désapprobation de nos principes? y a-t-il là un blâme qui puisse impliquer la ligne que nous suivons? Non. Ce que le Roi désapprouve dans la *Gazette de France* ce ne sont pas les PRINCIPES soutenus par M. de Genoude, ce sont les attaques dirigées quelquefois contre M. Berryer, contre M. de Lévis, contre M. de Blacas, contre M. de Pastoret, etc. Voilà quel est le sens de la réserve faite par le Roi dans sa lettre; voilà quel est le sens de ces mots : *ce qui n'avait souvent pour effet que de nous affaiblir en nous divisant.* Mais, sérieusement, sommes nous solidaires des écarts de polémique qu'on a pu trouver quelquefois dans la *Gazette de France?* Tout en professant une profonde vénération pour M. de Genoude, nous nous sommes nous-mêmes trouvés en diverses occasions en dissidence avec lui; ainsi nous nous sommes toujours sévèrement abstenus de ces attaques personnelles contre certains hommes de notre opinion, qui pouvaient être séparés de nous par des nuances, mais dont la loyauté et la fidélité étaient pour nous hors de doute; on se rappelle peut-être aussi que, dans la question du Sonderbund, nous avons été en complète opposition avec la *Gazette de France*. Ces divergences d'opinion sur certaines questions sont inévitables dans tout parti. Mais, sur les grands principes, qui sont le fondement de la politique de la *Gazette de France*, nous avons toujours été d'accord avec elle; et il faut avoir l'esprit étrangement fait, pour venir dire que nous ne pourrions persister dans cette ligne sans nous trouver en opposition directe avec celui que nous voulons servir. Qu'on relise la lettre du Roi au sujet de M. de Genoude! Voici ce qu'elle dit : « J'ai constamment rendu pleine justice à la fermeté

« de son caractère, à son talent, à son zèle infatigable pour « la défense des GRANDS PRINCIPES *auxquels tiennent essen-* « *tiellement le repos et le bonheur de la patrie.* » Cela est assez clair, ce nous semble ! La lettre ne parle pas seulement d'*un principe* ; elle dit LES PRINCIPES, et elle ajoute qu'à CES PRINCIPES, défendus par M. de Genoude, *tiennent essentiellement le repos et le bonheur de notre patrie.*

Nous croyons donc répondre parfaitement à la pensée du Roi, en continuant à combattre pour ces PRINCIPES ; et nous demanderons à ceux qui ont voulu voir dans la lettre une désapprobation de notre ligne politique, si cette lettre n'est pas plutôt la condamnation des hommes qui ont mis ces PRINCIPES sous leurs pieds en prêchant l'expérience de la République ?

(*Indépendant de l'Ouest du* 2 *novembre* 1849.)

LE ROI !

C'est ainsi que nous qualifions l'héritier de cette race glorieuse qui pendant huit siècles a régné sur notre patrie.

Et les journaux révolutionnaires de s'indigner et d'appeler sur nous toutes les foudres du parquet.

Nous ne nous expliquons pas cette colère.

Nous disons LE ROI. Cette qualification est-elle plus inconstitutionnelle que les autres?

Pourquoi, par exemple, dirions-nous plutôt *le duc de Bordeaux* ou *le comte de Chambord?* N'a-t-on pas rendu un décret qui a aboli ces titres?

Pourquoi plutôt *Henri V* ou *Henri de France?* Que signifie *Henri V*, si ce n'est *Henri cinquième* ROI *de ce nom?* Que signifie *Henri de France*, si ce n'est *Henri* ROI *de France?*

LE ROI ! n'est-ce pas la désignation la plus brève, la plus juste et la plus simple?

Il est proscrit ; pourquoi? Parce qu'il est LE ROI. Il est attaqué, injurié et calomnié tous les jours par des hommes qui ne l'ont jamais vu et qu'il n'a jamais vu lui-même ; pourquoi? Parce qu'il est LE ROI.

Il est LE ROI ! Est-ce attaquer la République que de le dire?

Nous ne le pensons pas.

Nous disons LE ROI comme nous disons LA RÉPUBLIQUE. Deux principes sont en présence ; il faut bien que ces deux principes aient chacun leur nom, leur expression dans la langue.

On a pu décréter l'abolition de la Royauté; mais on n'a pu détruire le principe, et ce principe a aujourd'hui une incarnation, une personnification, un représentant qui s'appelle Henri. C'est LE ROI.

On a bien pu dire et écrire, sur tous les tons et sous toutes les formes, que le fils de nos Rois n'était plus qu'un citoyen comme un autre; mais cela n'a pas pu effacer le caractère indélébile attaché à sa personne, et ce qui le prouve, c'est que si nous donnions la qualification de ROI à notre portier ou à notre voisin, personne n'y ferait attention, et que lorsque cette qualification de ROI s'adresse à Henri de France, tous les journaux révolutionnaires se mettent à jeter feu et flammes.

Ce titre de ROI a donc dans Henri de France une application, une raison d'être, qu'il n'a pas chez un autre citoyen, qu'il n'a pas chez le premier venu. Il est donc le titre de Henri de France.

Pourquoi donc vouloir nous défendre de dire le ROI en parlant de celui qui est le représentant du principe de la Royauté?

(*Indépendant de l'Ouest du 14 novembre 1849.*)

Un incident d'une haute gravité s'est produit à Versailles dans l'audience du 10.

On n'a pas voulu permettre aux défenseurs de démontrer que la Constitution avait été violée et que le droit d'insurrection découlait de la violation de la Constitution. Les défenseurs ont tous déclaré renoncer à la parole et se sont retirés.

Nous disons que c'est là un fait d'une haute gravité. Nous pouvons ajouter qu'il résume toute la situation.

Pourquoi n'a-t-on pas voulu permettre aux défenseurs de démontrer que la Constitution avait été violée?

Parce qu'il est impossible de démontrer le contraire;

Parce que la Constitution a en effet été violée;

Parce que c'est là une vérité qui crève les yeux.

Pourquoi n'a-t-on pas voulu permettre aux défenseurs de démontrer que, la Constitution violée, l'insurrection devenait un droit?

Parce qu'il est impossible d'échapper à ce dilemme : « Ou la Constitution est un chiffon de papier sans valeur, ou l'article 110 de cette Constitution justifie l'insurrection contre la violation de l'article 5 de cette Constitution ; »

Parce que les accusés auraient pu rappeler que l'Assemblée législative avait acclamé à plusieurs reprises cette Constitution, et que le président de la République lui avait juré fidélité ;

Parce que M. le procureur-général Baroche ne pouvait réfuter la doctrine de l'insurrection sans se trouver réfuté lui-même par ses discours et ses actes antérieurs ;

Parce que, sous un régime établi sur le principe d'insurrection, et gouverné par des hommes qui ont passé leur vie à prêcher que l'insurrection était le plus saint des devoirs, l'argumentation des défenseurs eût été sans réplique ;

Parce que, pour avoir raison contre le désordre, il ne faut pas être soi-même en dehors du principe de l'ordre.

Telle est pourtant la situation. Ce n'est pas nous qui l'avons créée ; nous ne faisons que constater ce qui est.

Contre les bandits qui viennent l'assaillir, la société peut avoir des balles, des baïonnettes, des lois et des arrêts ; mais elle est désarmée moralement. Elle a le pouvoir de les condamner, elle n'a pas celui de les flétrir.

Principe, raison, justice, droit, nous vous défions d'en trouver ombre au milieu de tout ce chaos révolutionnaire.

On ne voit partout que mensonge, hypocrisie, arbitraire, violence.

Et, nous le demandons, est-il spectacle plus fait pour démoraliser un peuple ?

A-t-on le droit après cela de s'étonner des progrès que le socialisme fait dans les esprits ?

Le gérant de l'*Indépendant de l'Ouest* est prévenu d'avoir commis, dans les deux premiers articles, les délits d'attaque à la Constitution et à la souveraineté du peuple ; et dans le troisième article, les délits d'attaque à la Constitution, aux droits de l'Assemblée législative, à la souveraineté du peuple et au suffrage universel.

La parole est à M. LE PROCUREUR-GÉNÉRAL :

Messieurs, dit-il, depuis plusieurs années l'*Indépendant de l'Ouest* poursuit une lutte ardente contre le pouvoir. Cette lutte a amené des vicissitudes diverses dans sa destinée. Tantôt vainqueur, quelquefois vaincu, il a toujours persisté dans ce système d'agression. La répression a été impuissante contre lui ; c'est parce qu'elle peut l'être encore que je me présente devant vous. Je rends pleine justice au zèle, à l'énergie déployés par le parquet de Laval dans les nombreux procès de l'*Indépendant de l'Ouest*. Je n'espère pas qu'un titre de plus dans la hiérarchie puisse influer sur le jury ; je sais que vous ne verrez que le fond de la question et que vous conserverez votre indépendance. Mais quand une grande difficulté se présente, je crois qu'il est de mon devoir d'intervenir moi-même.

Je ne veux point passionner le débat ; nous sommes dans une contrée qui n'a pas cessé, dans ces temps d'agitation, de jouir de la tranquillité, malgré les attaques de l'*Indépendant de l'Ouest*. Vous n'entendrez que des paroles de conciliation et de loyauté.

Nous accusons l'*Indépendant de l'Ouest* d'avoir attaqué la Constitution, les droits de l'Assemblée législative, le suffrage universel, les institutions républicaines, toutes choses qui se confondent dans le même principe, la souveraineté du peuple.

Si vous avez suivi la polémique de l'*Indépendant de l'Ouest*, vous verrez que l'ennemi qu'il poursuit, ce n'est pas, à proprement parler, le pouvoir, que c'est une idée, un principe, la souveraineté du peuple. Pourquoi a-t-il attaqué la monarchie de 1830 ? c'est qu'elle procédait, en partie du moins, de la souveraineté du peuple. Elle a été attaquée par l'*Indépendant de l'Ouest* à cause de son origine. La République ne devait pas échapper aux attaques de ce journal ; c'est qu'elle représente davantage encore la souveraineté du peuple, c'est qu'elle est la plus large, la véritable expression de la souveraineté du peuple.

C'est en présence de la République, de la Constitution, qui ont pour base le principe de la souveraineté du peuple, que l'*Indépendant de l'Ouest* vient poser la Royauté, le Roi. Il nous l'explique avec franchise, je dois le reconnaître, la Royauté est un principe supérieur, indestructible, selon lui. La souveraineté du peuple, dans son système, n'est en quelque sorte qu'une usurpation. Si le Roi est seul souverain, la souveraineté du peuple est un mensonge. Le pays n'est rien, le pays n'est qu'un fief inféodé à une personne, c'est une agrégation d'individus sous le nom de sujets, qui doivent l'obéissance passive. Voilà la doctrine de l'*Indépendant de l'Ouest* ; c'est le renversement de tout ce qui a été fait dans les soixante dernières années, c'est la négation même de la révolution.

Lorsque Bonaparte traitait à Campo-Formio, le ministre autrichien lui proposa de reconnaître la République française ; Bonaparte lui répondit : « La République n'a pas besoin d'être reconnue, elle est un fait éclatant comme le soleil. » La République régnera parce qu'elle est la vérité. La souveraineté du peuple, c'est l'état de virilité pour la société. Lorsque l'homme est faible, que son intelligence est encore dans les langes, il est condamné à recevoir une tutelle ; mais quand il se développe, la Providence lui dit qu'il est responsable de ses actes. Voilà la base de la souveraineté du peuple. La souveraineté du peuple est basée sur la maturité du peuple, sur le développement qu'a atteint la civilisation ; le pays a-t-il conquis sa souveraineté? l'a-t-il conservée sous tous les gouvernements? L'histoire est là, il suffit de la lire et de la comprendre. Lorsque les États-Généraux furent convoqués en 89, que fit-on? On entendit que les baillages fussent tous représentés; lisez le rapport de M. Clermont-Tonnerre, sur les cahiers des États-Généraux ; tous constatèrent que le pouvoir législatif était dans la nation. La loi est souveraine. A mesure que les évènements se dessinèrent et que le mouvement du pays s'accéléra dans sa marche vers l'avenir, le principe de la souveraineté du peuple s'étendit, se développa ; la France entière entra en pleine voie de révolution. Le peuple voulut que le pouvoir fût fondé sur la base de la souveraineté du peuple, ce fut la base du pouvoir de Napoléon, et Napoléon tomba plus tard parce que l'action de la souveraineté du peuple s'était redressée contre lui. Le gouvernement qui lui succéda ne fut pas, comme on l'a dit, l'ouvrage de l'étranger ; seulement il se présenta dans des temps malheureux, et ce qu'il y avait de plus malheureux, c'est qu'il crut à un droit supérieur, au droit d'octroyer la liberté qui ne fut acceptée qu'en frémissant à cause de cet octroi. De là, le divorce de 1830. La souveraineté du peuple se releva alors et fut inscrite dans la charte même. Sans doute la souveraineté du peuple ne fut exercée qu'incomplètement pour l'établissement de ce pouvoir, ratifié pourtant. Le gouvernement de 1830 eut à lutter contre les passions populaires ; et le jour où il a menacé le principe de la souveraineté du peuple, il est tombé à son tour. La souveraineté du peuple s'est produite alors dans toute sa vérité par la République. Voilà l'histoire des quatre-vingts dernières années.

L'*Indépendant de l'Ouest* invoque, il est vrai, l'appel au peuple. Pourquoi? que veut-on en tirer? La royauté de droit divin, c'est-à-dire un principe supérieur à la souveraineté du peuple. Croit-on que le peuple abdiquera son droit de souveraineté? Mais, s'il l'abdiquait, il aurait le droit de le ressaisir ; s'il a le droit de rétablir la Royauté, il a le droit de la renverser. Ce sont donc là deux principes qui se neutralisent, se rendent impossibles. Le système de l'*Indépendant de l'Ouest* aboutit à des négations qui ne pourraient se traduire qu'en guerre civile, en anarchie, en révolution nouvelle.

A côté de cette doctrine coupable de l'appel au peuple, il y a une reconnaissance absolue de la souveraineté du Roi. Cet antagonisme, on l'expliquera peut-être; on dira que le peuple n'a pas le droit de retirer la souveraineté qu'il aura abdiquée; c'est un jeu de doctrines très périlleux. Le peuple une fois reconnu souverain, ressaisit sa souveraineté avec une énergie indomptable, lorsque le pouvoir lui fait sentir son joug. C'est, je le répète, un système de révolutions perpétuelles. La base la plus large du repos public c'est la souveraineté du peuple. Si vous la laissez détruire, vous exposez le pays aux plus grandes catastrophes. La Royauté, le Roi, c'est la négation de toutes les institutions républicaines, gage du salut de la société.

L'*Indépendant de l'Ouest* ne se borne pas à soutenir le principe de la Royauté, à opposer le Roi à la République; au nom de l'ordre, de la Royauté, il consacre, il soutient, il justifie le principe d'insurrection contre le gouvernement et les institutions établies.

Il ne faut pas s'y tromper, tout principe a ses partisans fanatiques qui vont jusqu'aux dernières conséquences. Ce procès rappelle cette parole fameuse d'un autre temps : « Périssent plutôt les colonies que nos principes. » C'est le même système chez l'*Indépendant de l'Ouest*. Il prend dans la révolution tout ce qu'il peut supposer de plus subversif; il s'en faut peu qu'il ne proclame l'insurrection le plus saint des devoirs. Il prétend que la société n'a pas le droit légal de punir et de flétrir la révolte quand elle est en dehors de l'ordre qui, selon lui, a été proscrit par la souveraineté du peuple.

La Constitution, selon lui, renferme textuellement la glorification de l'insurrection. Est-ce vrai ? La Constitution, Messieurs, est jeune encore, elle a de faibles racines; ce n'est pas lorsqu'une forme politique est encore à l'état de gestation qu'elle peut renfermer le bien qui était dans l'esprit de ceux qui l'ont fondée. Elle est peu connue encore. Il ne faut pas la calomnier et créer des périls quand ils n'existent pas. La Constitution est établie sur la souveraineté du peuple, qui trace les limites des pouvoirs.

Il n'est pas exact de dire que l'article 110 de la Constitution justifie l'insurrection. Selon la Constitution, aucune fraction du pays ne peut usurper la souveraineté; elle prévoit le cas d'usurpation, elle ordonne aux citoyens de refuser l'obéissance aux pouvoirs usurpateurs; mais de l'insurrection armée nulle part elle n'en parle. Le législateur de 1848 n'a pas procédé comme aux temps de la première révolution; dans la Constitution de 93, le droit d'insurrection se trouve clairement, nettement formulé; il n'y a rien de semblable dans la Constitution de 1848.....

En 1814, le pouvoir inquiet de son existence, imagina de faire appel à tous les dévouements; il plaça la charte sous la protection et la défense des gardes nationales et de tous les bons citoyens; elle succomba peut-être parce qu'octroyée. En 1830, quand la Royauté tomba de nouveau, le pays qui avait fait entendre sa volonté par les députés, plaça la charte sous la même protection. C'est ce qu'a fait encore la Constitution de 1848, par son article 110.

Mais cette résistance, dira-t-on, cette résistance légale doit avoir une sanction. Si le pouvoir résiste, que faire? La France sait ce qu'elle a à faire. Dans un pays organisé comme notre patrie, le pouvoir ne peut vivre que de la vie du pays et ne peut prévaloir sur sa volonté.

Il n'y a pas un droit qui n'ait son péril; il est en quelque sorte dans la fatalité des choses. Sous toutes les formes de gouvernement il y a eu des collisions fatales et souvent sanglantes entre le pouvoir et la société. Ce n'est pas seulement à Moscou, à Constantinople, dans les luttes des Jannissaires que nous en voyons les preuves; le passé de la France nous en offre plus d'une; les luttes contre le pouvoir sont inscrites à chaque page de l'histoire; partout la lutte a eu lieu et souvent elle a été la guerre civile. Le long règne de la monarchie n'a pas été exempt de troubles; qu'on se rappelle donc la guerre des Armagnacs, des Bourguignons, la Ligue, la Fronde, les refus d'enregistrement des parlements..... C'est dans le cœur humain qu'est le péril. Je n'accuse pas la monarchie des désordres et des luttes qui ont rempli son histoire. L'homme a toujours été l'homme, avec ses passions. Mais quel pouvoir, quel gouvernement peut avoir plus d'ascendant, plus de force et par conséquent présenter plus de garanties à l'ordre, que celui qui provient de tous, de la volonté générale? Son titre il le tient du pays tout entier; il ne fait qu'un en quelque sorte avec le pays. L'insurrection est donc presqu'impossible.

Il n'y a pas une Constitution qui offre plus de garantie à l'ordre que celle fondée sur la volonté du pays; et opposer à ce pouvoir national un autre pouvoir, lui opposer le droit supérieur de la Royauté, c'est vouloir précipiter la société dans de nouvelles révolutions! Voilà ce qu'il faut éviter.

L'Indépendant de l'Ouest comprend ces vérités comme vous et comme moi; mais elles blessent ses espérances, elles blessent son orgueil. Périsse le pays plutôt que son principe, voilà le fond de son esprit. Ce n'est pas celui d'un bon citoyen.

Ce n'est pas ainsi que pense et agit un des hommes les plus éminents de la droite, l'honorable M. de Montalembert, qui disait récemment en tendant la main à un de ses adversaires politiques de quinze ans, qu'après le grand naufrage qui avait submergé le vaisseau de la monarchie, il croyait devoir unir ses efforts à ceux de tous les bons citoyens et oublier les divisions du passé sur le radeau où les avait jetés la tempête. M. de Montalembert comprend qu'il arrive des circonstances où il faut faire le patriotique sacrifice de ses opinions ; il accepte comme une planche de salut le radeau de la situation actuelle, la Constitution de 1848.

Il n'en est pas ainsi de l'*Indépendant de l'Ouest*. Mais comment s'expliquer son aveuglement ? Ce radeau, loin de le détruire, il faut le fortifier, il faut en joindre fortement toutes les parties pour aborder au rivage ; si vous démolissez le radeau de la Constitution, que nous donnerez-vous ? La monarchie légitime, la monarchie de droit divin ? Mais elle a déjà fait deux fois naufrage, vous dirai-je avec M. de Montalembert ; elle a été impuissante ; elle a péri dans la tempête ; elle s'est brisée contre la volonté populaire ; il n'en reste plus rien..... Les bas fonds se sont élevés, vous échoueriez sur le rivage.

Messieurs, il faut reconnaître aujourd'hui qu'il n'y a de salut que dans l'union et dans le sacrifice de ses opinions sur l'autel de la concorde. Là est la force. Comment le socialisme ne nous déborderait-il pas si nous nous divisons devant un ennemi compact et audacieux. Les forces de la société seront détruites, et les socialistes prendront possession, non pas de la société, mais du sol, car il n'y aura plus que des ruines ; voilà où mène la discorde. Vous ne pouvez, Messieurs, vouloir ce résultat.....

Le pays est menacé de tomber dans une espèce de scepticisme ; on est généralement porté à croire que les doctrines propagées par la presse, que les théories semées par elle ne laissent aucunes traces durables, et l'on regarde la répression des délits de presse comme inefficace et inutile. C'est une grande erreur et un grand danger. Aveugle celui qui ne voit le péril que lorsqu'il éclate dans la rue par de sanglantes batailles ; le danger n'est que plus grand et plus profond quand le pays est miné par une lente destruction. J'appelle votre attention la plus sérieuse sur les articles de l'*Indépendant de l'Ouest* ; de pareilles publications constituent un véritable danger pour l'avenir de la société, elles sont une calamité ; vous pouvez arrêter le mal que fait l'*Indépendant de l'Ouest* en usant de la loi ; vous n'avez qu'à vouloir et à parler.

M. MULLER, défenseur du prévenu, prend la parole en ces termes :

MESSIEURS DE LA COUR, MESSIEURS LES JURÉS,

Le parquet de la République ne veut pas nous habituer à

de longues trèves. Nous étions ici aux dernières Assises ; nous en sommes sortis, comme j'espère que nous en sortirons encore aujourd'hui, avec un verdict d'acquittement dicté par la conscience d'un jury loyal et intelligent. M. le procureur-général a pensé que cette fois ce n'était pas trop de toute l'autorité de sa position et de sa parole pour soutenir l'accusation. Quant à nous, nous avons pensé que c'étaient généralement les mauvaises causes qui avaient besoin des grands talents, et nous croyons vous donner une preuve de la confiance que nous avons dans l'excellence de la nôtre, en venant nous-mêmes présenter la défense.

Je le dirai d'abord, j'ai beau interroger ma raison pour découvrir le but, le sens politique, l'utilité sociale ou gouvernementale de cette persistance avec laquelle on poursuit l'*Indépendant de l'Ouest*, ma raison reste muette et confondue. C'est au nom de la liberté de la presse que se sont accomplies ces révolutions qui ont ébranlé le monde jusque dans ses bases, et si la liberté n'a pas fait un pas, je me demande quel est le bénéfice de ces bouleversements. Nous sommes aujourd'hui sous l'empire du principe de la souveraineté nationale ; or, la souveraineté nationale, c'est le droit de toutes les opinions de se produire par la discussion, ou la souveraineté nationale n'est qu'un mot vide de sens. Je puis comprendre la nécessité de sévir contre la presse, lorsque la sécurité publique est compromise par ses excitations. Mais, qu'on me réponde, quels sont les périls que l'ordre a pu courir par les publications de l'*Indépendant de l'Ouest?* Le parti dont l'*Indépendant de l'Ouest* est l'organe dans ces contrées cherche-t-il à s'insurger ? Avez-vous aperçu, dans notre département, les moindres symptômes d'agitation ? Eh quoi ! quand la société est menacée chaque jour jusque dans ses fondements par des négateurs de tout principe social, quand la tâche de notre vie est de combattre cette nouvelle invasion de barbares, quand, dans toutes les occasions depuis Février, nous avons été sur la brèche pour la défense de l'ordre social, c'est à nous qu'on vient s'attaquer, c'est à nous qu'on vient prêter de criminelles pensées d'insurrection, à nous qui maudissons l'insurrection et l'avons toujours maudite, à nous qui, dans ce pays labouré autrefois par la guerre civile, n'avons pas cessé de prêcher à nos amis le suffrage universel, la soumission à la volonté nationale, l'abandon de toutes les idées de violence, à nous enfin, qui ne voulons, qui n'attendons le triomphe de nos principes que de la France, pacifiquement consultée, et rendant librement son arrêt, décidant elle-même de sa destinée ! Non, je ne vois pas quel peut être, pour le pays, pour la société, le profit de ces procès ; c'est là, pour mon intelligence, une énigme dont le réquisitoire de M. le procureur-général ne m'a pas donné la solution. Si M. le procureur-général croit que ces procès servent à fortifier la République, à donner du prestige au pouvoir, son esprit est dans une erreur que je ne saurais assez déplorer. D'autres gouvernements déjà ont cherché leur force dans la compression, ont cru que, par la compression, ils s'assureraient l'avenir ; que sont-ils devenus ? . . . .

Voyons maintenant, Messieurs les jurés, ce procès dont on vous a fait une espèce de monstre, et réduisons le monstre à ses justes proportions... Il y a, d'une part, deux articles dans lesquels le petit-fils de saint Louis et de Louis XIV est appelé le Roi ; il y a, de l'autre, un article relatif à l'incident de Versailles. C'est de ce dernier que je vais m'occuper d'abord.

Je demande la permission de résumer en quelques mots les faits auxquels se rapporte l'article incriminé... Une révolution ayant éclaté à Rome et proclamé la déchéance de l'autorité temporelle du Souverain-Pontife, le gouvernement français envoya en Italie une armée qui expulsa de la ville éternelle le pouvoir républicain qui s'y était installé. Grande, vous vous en souvenez, fut l'émotion que cette expédition causa en France ! En embrassant la cause du vertueux Pie IX, le gouvernement français répondait au sentiment de tous les cœurs catholiques ; mais l'opposition vit dans cette expédition une violation flagrante de la Constitution... Messieurs, je n'essaierai pas de franchir les limites qui, dans une autre occasion déjà, ont été posées à la défense ; je ne discute pas, je ne me prononce pas, j'expose des faits... L'opposition soutint que l'expédition de Rome était contraire à l'article 5 du préambule de la Constitution, qui porte que la République française respecte toutes les nationalités étrangères et n'emploie jamais ses forces contre les libertés d'aucun peuple, contraire encore à l'article 54 de cette même Constitution, parce qu'elle avait été détournée du but que lui avait assigné l'Assemblée constituante... La Législative ayant donné son approbation à l'œuvre du gouvernement, la Législative fut accusée à son tour d'avoir violé la Constitution, et la Montagne déclara que l'article 110 de la Constitution l'autorisait à s'insurger. Il arriva, le 13 juin, ce que vous savez. Les insurgés furent traduits devant la Haute-Cour de justice de Versailles ; là ils demandèrent à démontrer que la Constitution avait été violée, et que l'article 110 de cette Constitution justifiait l'insurrection contre la violation des articles 5 et 54. Cette faculté leur fut refusée. Voilà les faits.

Eh bien ! qu'a dit l'*Indépendant de l'Ouest ?*

(Le défenseur donne lecture de l'article incriminé.)

Messieurs, analysons cet article ; voyons ce qu'il contient ; n'imitons pas le ministère public qui vous a parlé des Bourguignons, des Armagnacs, de la Ligue et d'une foule d'autres choses dont il n'y a pas un mot dans notre article.

L'*Indépendant de l'Ouest* dit d'abord que si l'on n'a pas voulu permettre aux défenseurs des accusés de Versailles de prouver que la Constitution avait été violée, c'est que la Constitution a été violée en effet; il ne dit pas que l'on ait eu tort; mais, dans l'opinion de l'*Indépendant de l'Ouest*, si la Constitution n'avait pas été en effet violée, il y aurait eu tout avantage pour la justice, pour le gouvernement, à laisser le débat s'engager sur ce terrain, et le ministère public devant la Haute-Cour de justice de Versailles eût saisi avec bonheur cette occasion de faire éclater la vérité aux yeux du pays et d'écraser les Montagnards sous la preuve de l'imposture. — L'*Indépendant de l'Ouest* dit ensuite que si l'on n'a pas voulu permettre aux défenseurs de démontrer que le peuple avait le droit de par la Constitution de s'insurger, c'est que malheureusement le texte de la Constitution ne justifie que trop clairement cette doctrine et que d'ailleurs on eût pu rappeler que MM. Baroche, Odilon Barrot et tant d'autres arrivés au pouvoir par la révolution, avaient eux-mêmes soutenu, dans d'autres temps, que l'insurrection devenait le plus sacré des devoirs lorsque le pouvoir s'écartait de la Constitution.

Voilà, Messieurs, ce que dit l'*Indépendant de l'Ouest*, et je suis stupéfait d'avoir entendu tout-à-l'heure le ministère public en conclure que nous étions partisans de l'insurrection, que nous avions proclamé et cherché à justifier le principe d'insurrection... Quoi! c'est nous qu'on accuse d'avoir essayé de justifier le principe d'insurrection?... Mais toute notre existence, mais tous les actes de notre vie, mais cet article lui-même, je n'aurai pas de peine à le prouver, protestent contre une semblable accusation... Est-ce nous qu'on a vu, le lendemain de chaque insurrection victorieuse, nous prosterner aux pieds du pouvoir qu'elle avait vomi sur la France? Est-ce nous qui, après avoir sanctifié l'insurrection de 1830, avons encore trouvé de l'eau bénite pour celle de 1848? Est-ce nous qui tout-à-l'heure, ici même, proclamions la légitimité de tous les gouvernements sortis de l'insurrection?... Et c'est nous que l'on accuse d'avoir voulu justifier le principe d'insurrection? Allons donc!

Messieurs, dans ma conviction, dans la conviction de l'*Indépendant de l'Ouest*, l'insurrection est toujours impie, est toujours un crime; et quand je dis que l'insurrection est un crime, je ne fais pas de distinction; depuis la première jusqu'à la dernière, je les confonds toutes dans une même réprobation, dans un même anathème. Non, jamais l'insurrection n'a été le plus saint des devoirs!

La Montagne, ni personne, sous aucun prétexte, n'a le droit de s'insurger contre l'Assemblée législative; car l'Assemblée législative, c'est la représentation nationale, c'est la nation elle-même... Voilà la conviction de l'*Indépendant de l'Ouest*; voilà la conviction qui éclate dans toute la polémique de l'*Indépendant de l'Ouest*... L'*Indépendant de l'Ouest* a soutenu, dans plus de vingt articles, cette doctrine que, même dans le cas où l'Assemblée législative déchirerait la Constitution de haut en bas, l'insurrection ne serait pas permise; car elle serait une révolte contre la nation en qui réside la souveraineté, et l'Assemblée législative, qui est la dernière expression du suffrage universel, a seule le droit de parler et d'agir au nom de la nation... Je ne suis point ici journaliste, je ne suis ici que défenseur, je ne fais point de polémique, je ne me prononce pas, je me contente de rappeler, sans aucune appréciation personnelle, l'opinion qu'a soutenue l'*Indépendant de l'Ouest*, et cela n'est pas sans importance dans ce procès... L'*Indépendant de l'Ouest* qu'on accuse d'avoir attaqué les droits de l'Assemblée législative, a si peu attaqué ces droits, qu'il a toujours soutenu que s'il y avait dans la Constitution des imperfections, des impossibilités, des articles contraires aux nécessités de l'ordre et aux intérêts du pays, l'Assemblée législative ne serait pas tenue de mettre le respect de la Constitution avant les intérêts de la France, avant le salut de la patrie !

Eh bien ! selon l'*Indépendant de l'Ouest* ce n'est plus là une supposition, c'est une réalité... Je ne viens point plaider la violation de la Constitution ; mais il ne me sera pas défendu, j'espère, de plaider la bonne foi de l'*Indépendant de l'Ouest.* C'est de bonne foi que l'*Indépendant de l'Ouest* affirme que la Constitution a été violée ; il ne conteste pas le droit de l'Assemblée législative ; mais il croit que c'est là une situation fâcheuse. Il croit qu'il est fâcheux que l'Assemblée législative ait commencé par acclamer une Constitution, qu'elle a été obligée ensuite d'enfreindre. Il croit qu'il est fâcheux que l'on ait placé dans cette Constitution un article 110, dont la démagogie menace aujourd'hui la société comme d'une épée de Damoclès. Il croit aussi qu'il est fâcheux que les hommes investis du pouvoir, chargés de la mission grave de protéger la société contre l'insurrection, aient eux-mêmes prêché en d'autres temps, semé dans le pays, ces théories subversives, ces funestes maximes d'insurrection, dont les fruits hideux sont aujourd'hui l'épouvante du monde..... L'*Indépendant de l'Ouest* a vu dans l'incident de Versailles un grand enseignement.

Encore une fois, l'*Indépendant de l'Ouest* n'est pas un journal révolutionnaire, n'est pas un journal d'insurrection ; sa mission au contraire est de combattre le désordre, et pour le combattre efficacement, il pense qu'il ne suffit pas d'en combattre les effets, il pense qu'il faut en signaler hardiment les causes... Dans l'article incriminé, l'*Indépendant de l'Ouest* n'a d'autre prétention que de constater ce qui est, que d'exposer une situation triste, lamentable, mais qui n'est pas son œuvre... Cette situation, selon lui, pleine de périls, cette situation qui sue le désordre et l'anarchie par tous les pores, il la déplore profondément; il gémit des malheurs qu'elle couve dans son sein; pouvez-vous lui faire un crime du cri de douleur qu'elle lui arrache? Si Jérémie revenait aujourd'hui, il risquerait fort d'être cité à cette barre par M. le procureur-général; mais Dieu merci! si c'est M. le procureur-général qui fait le réquisitoire, c'est le jury qui rend le verdict, et je ne doute pas du vôtre............

Je vais poser à l'accusation un dilemme d'où je la défie de sortir. De deux choses l'une: ou l'*Indépendant de l'Ouest* a dit la vérité dans son article, ou l'*Indépendant de l'Ouest* n'a pas dit la vérité. Si M. le procureur-général m'accorde que la situation est telle que l'*Indépendant de l'Ouest* l'a exposée dans son article, pourquoi ce procès? Après soixante années de révolutions accomplies au nom de la liberté, serait-il défendu d'imprimer que deux et deux font quatre et que la terre tourne autour du soleil? La liberté de la presse est-elle une des grandes conquêtes des temps modernes, ou n'est-elle qu'un vain mot? Et je vous le demande, est-ce ici, est-ce dans le temple de la justice et de la vérité que nous pourrions être condamnés pour avoir dit la vérité, rien que la vérité, sur des faits qui appartiennent au domaine de l'histoire? Et je vous le demande encore, une condamnation ferait-elle que ce qui est la vérité ne fût plus la vérité? Et je le demande enfin, vaut-il mieux que la société s'endorme sur le bord du précipice, ou vaut-il mieux qu'on lui ouvre les yeux sur le danger?... Si M. le procureur-général au contraire conteste l'exactitude des allégations de l'*Indépendant de l'Ouest*, si l'*Indépendant de l'Ouest* est accusé d'avoir tracé un tableau infidèle de la situation, si M. le procureur-général par exemple nie la violation de la Constitution, dans ce cas, je le déclare, je suis prêt à démontrer que l'*Indépendant de l'Ouest* ne s'est pas écarté de la vérité... à démontrer que la Constitution a été réellement violée.....

M. LE PRÉSIDENT fait signe au défenseur que cette discussion ne peut avoir lieu.

M. MULLER. — Je n'insiste pas, M. le président, je ne veux pas recommencer un débat inutile; je m'incline devant les raisons majeures qui, dans une autre circonstance déjà, ont coupé la parole à la défense, au moment où elle abordait cette question délicate. Mais ce que j'ai le droit d'affirmer, c'est que l'*Indépendant de l'Ouest* n'est en aucune façon punissable pour avoir imprimé que la Constitution avait été violée et que l'article 110 de cette Constitution laissait une porte ouverte à l'insurrection; or, tout l'article est là, tout le procès est là... Je tiens à la disposition du ministère public des montagnes de journaux de tous les formats, de toutes les nuances et de toutes les parties de la France, lesquels contiennent sur le même sujet des articles cent fois plus vigoureux que celui de l'*Indépendant de l'Ouest*, et pourtant aucun de ces journaux n'a été traduit en justice; c'est qu'ailleurs les parquets comprennent les droits de la presse; c'est qu'ailleurs les parquets savent qu'il n'y a délit en matière de presse que lorsque l'attaque prend le caractère d'un appel à la révolte, lorsque l'ordre public a été mis en péril; c'est qu'enfin ailleurs les parquets savent que des procès de presse entrepris sans nécessité sérieuse, sans utilité justifiée, ne servent qu'à aigrir les esprits, à augmenter les divisions, à faire douter de la force du pouvoir.

Mais j'ai mieux encore à vous offrir. Nous avons comparu,

il y a trois mois, devant la Cour d'Assises de la Mayenne, pour trois articles de l'*Indépendant de l'Ouest*; c'était absolument la même question, c'était le même procès; et nous avons été acquittés. Voici les articles pour lesquels l'*Indépendant de l'Ouest* avait été poursuivi; je ne veux pas abuser de votre patience; je ne vous en lirai que quelques passages.

(Après avoir lu divers passages de ces articles, le défenseur continue ainsi :)

Voilà, Messieurs, ce que le ministère public avait poursuivi; voilà ce qui nous amenait il y a trois mois sur ces mêmes bancs; et voilà ce que le jury de la Mayenne a déclaré non coupable. Ce qu'on vous demande aujourd'hui est quelque chose d'énorme; on vous demande de déjuger ce qui a déjà été jugé; vous êtes des hommes consciencieux, vous ne le pouvez pas... La question posée il y a trois mois au jury de la Mayenne, était la même, exactement la même, que celle qui vous est posée aujourd'hui. Elle était celle-ci : « L'*Indépendant de l'Ouest* est-il coupable pour avoir imprimé que les articles 5 et 54 de la Constitution avaient été méconnus, et que l'article 110 constituait un grave danger. » — Telle était la question posée, et le jury a répondu par un verdict négatif. Nous avons cru que ce verdict avait une valeur; nous ne pouvions pas penser que le ministère public, n'en tenant aucun compte, viendrait vous proposer de juger différemment... C'est là quelque chose d'inouï... mais je suis sans crainte; j'ai pleine confiance dans votre intelligence et dans votre loyauté; nous sommes ici sous la protection d'un verdict d'acquittement rendu par douze de vos concitoyens, rendu par le jury de la Mayenne, et ce verdict vous saurez le respecter.

Est-il besoin d'ailleurs de vous démontrer que ce sera bien jugé?

Je lis dans l'arrêt de la Chambre des mises en accusation, en vertu duquel nous sommes ici, que le gérant de l'*Indépendant de l'Ouest* est prévenu d'avoir commis dans cet article les délits suivants : délit d'attaque à la Constitution, délit d'attaque aux droits de l'Assemblée législative, délit d'attaque à la souveraineté du peuple, délit d'attaque au suffrage universel.....

Eh bien ! je vais au cœur même du procès. Prenez l'article incriminé, lisez-le avec la plus scrupuleuse attention, pesez en chaque phrase, chaque mot, scrutez-le, analysez-le, faites-le passer au crible de l'examen le plus rigoureux, avons-nous commis un seul des délits qui nous sont reprochés? Non.

Et d'abord avons-nous attaqué la Constitution ? Non ; et je vais le prouver. Il y a dans cet article que la Constitution a été violée ; ce n'est pas là une attaque à la Constitution ; l'*Indépendant de l'Ouest* ne dit pas que l'on ait bien fait de violer la Constitution ; il constate la violation, voilà tout. Que la Constitution ait été violée ou non, ce n'est pas l'attaquer que d'imprimer qu'elle l'a été. Le général Cavaignac et le *National* ne sont certes pas des ennemis de la Constitution ; elle est leur œuvre, elle est leur fille ; eh bien ! ils ont dit comme nous, et plus haut que nous, qu'elle avait été violée. Il y a ensuite dans cet article que l'article 110 a été placé dans la Constitution pour justifier et provoquer la résistance contre les pouvoirs qui l'enfreindraient. Cet article 110 existe-t-il dans la Constitution ? Est-ce attaquer la Constitution que de le constater ? et l'*Indépendant* a-t-il fait autre chose ? Que l'on tourne et retourne l'article de l'*Indépendant de l'Ouest* dans tous les sens, je défie que l'on y découvre le délit d'attaque à la Constitution.

Nous aurions pu dans cet article aller beaucoup plus loin que nous n'avons été, sans passer les limites où commence le délit. Cette Constitution n'a pas été instituée à perpétuité, ceux qui l'ont faite n'ont pas eu la prétention d'avoir atteint la perfection ; elle n'a été établie que pour quatre années; dans deux ans on pourra la modifier, la corriger, même la démolir complètement. Le droit de la presse est donc de la discuter, de signaler ses défauts, ses imperfections, ses dangers; c'est le droit de la presse, j'ajouterai que c'est le devoir de la presse..... Il n'y a délit d'attaque contre la Constitution que lorsqu'il y a intention manifeste de la renverser par la violence, que lorsqu'il y a provocation à la révolte contre elle... Or l'*Indépendant de l'Ouest*, toute sa polémique l'atteste, n'admet jamais la révolte, n'admet jamais la violence ; il ne reconnaît qu'au suffrage universel, à la souveraineté nationale, le droit de changer la Constitution..... Il est donc dans le principe de la Constitution, sur le terrain de la Constitution, et il ne s'en écarte pas ; car qu'est-ce que la Constitution? l'acte proclamant la souveraineté nationale; elle est cela, elle n'est pas autre chose.

Avons-nous commis le délit d'attaque aux droits de l'Assemblée législative? Non, encore non. Veuillez faire attention aux termes de la loi ; elle ne dit pas *attaque à l'Assemblée législative*, elle dit *attaque aux droits de l'Assemblée législative.* Nous pourrions attaquer la conduite, les tendances, les actes de l'Assemblée législative, sans pour cela attaquer ses droits. Qu'y a-t-il dans notre article? Il y a que l'Assemblée législative a acclamé la Constitution et qu'ensuite elle a enfreint cette Constitution ; l'*Indépendant de l'Ouest* constate le fait ; il ne conteste pas les droits de l'Assemblée législative, il n'attaque pas les droits de l'Assemblée législative. Et je le demande, est-ce sérieusement qu'on peut nous accuser d'attaquer ces droits, nous qui avons toujours soutenu que même dans le cas de violation de la Constitution par l'Assemblée législative, on n'a pas le droit de s'insurger contre cette Assemblée ?

L'*Indépendant de l'Ouest* est enfin prévenu d'attaques contre le suffrage universel et contre la souveraineté du peuple. En vérité, ceci ne mérite même pas d'être réfuté. Voilà six semaines que je me crève les yeux à chercher dans cet article un mot, un seul mot, relatif au suffrage universel ou à la souveraineté du peuple ; et je n'ai pas encore pu le découvrir. Que dis-je ? Est-ce bien nous qu'on accuse d'attaques contre le suffrage universel et contre la souveraineté du peuple ?... Dans son réquisitoire, M. le procureur-général a cru devoir rappeler les nombreux procès que l'*Indépendant de l'Ouest* eut à soutenir sous le gouvernement qui a précédé celui de la République ; il en a félicité le parquet de Laval ; il a vu dans ces précédents un argument pour l'accusation ; mais l'argument est pour la défense et je le retourne contre le ministère public. Car pourquoi ces nombreux procès subis par l'*Indépendant de l'Ouest ?* Parce que l'*Indépendant de l'Ouest* luttait pour le suffrage universel, pour la souveraineté nationale, contre un pouvoir qui méconnaissait ces principes. Et c'est nous maintenant qu'on accuse d'attaquer le suffrage universel et la souveraineté nationale !...

Il ne s'agit pas de lancer des accusations au hasard ; ici, devant la justice, devant la loi, il ne doit y avoir rien de vague, tout est positif, tout est sérieux. Il faut faire toucher du doigt le délit aux jurés ; c'est ce que vous n'avez pas fait, vous ministère public ; mais moi je leur fais toucher du doigt le néant de l'accusation.

Je vais terminer. Qu'y a-t-il dans cet article ? Un sentiment honnête et que le jury comprendra, une pensée louable, celle d'appeler l'attention de tous les bons citoyens sur les périls, sur les misères que les révolutions apportent avec elles. Qui de vous peut se faire illusion sur les dangers de la situation actuelle? Laissez-moi vous lire quelques-unes des paroles prononcées par l'honorable magistrat qui présidait la Haute-Cour de Versailles. L'autorité n'est pas suspecte. Voici en quels termes s'est exprimé M. le président Béranger dans son résumé :

« C'est le malheur des temps où nous vivons, que ce désordre dans les idées qui fait obstacle à ce que l'ordre se rétablisse dans les faits. Il vous appartient d'intervenir, calmes et fermes comme la loi, au milieu de cette anarchie morale qui après cinquante ans de lutte et de bouleversement, replace sans cesse la France sur le chemin des abîmes.

« Plaise au ciel que les enseignements de ce grand procès avancent l'heure où les principes éternels qui sont la vie des sociétés humaines reprendront leur empire, où cette malheureuse patrie, dont le sang coule par tant de blessures, ralliera à un sentiment commun de dévouement à sa gloire toutes ces fortes intelligences, tous ces cœurs pleins d'ardeur et de sève que nous voyons se consumer en stériles aspirations vers un avenir impossible. »

Ce sont là de bonnes paroles, des paroles profondément vraies. Permettez-moi maintenant une autre citation. Voici la *Presse*. La *Presse* a soutenu comme nous, et avec la véhémence qui lui est habituelle, que la Constitution avait été violée ; et elle n'a pas été poursuivie. Elle a fait plus que nous, elle a nié le droit de l'Assemblée législative, et elle n'a pas été poursuivie. Enfin, comme nous, elle a dit que les hommes qui autrefois avaient prêché l'insurrection contre la Restauration et contre le gouvernement de 1830, étaient aujourd'hui dans une fausse position pour réprimer l'insurrection, et elle n'a pas été poursuivie. Et pourtant quelle différence dans les termes ! J'ai là un de ses numéros. Elle reproduit une circulaire dans laquelle M. Baroche, aujourd'hui procureur-général, chargé de requérir contre les accusés de Versailles, se félicitait d'avoir contribué au renversement de Louis-Philippe, d'avoir été *des cinquante-quatre membres de la Chambre qui, devançant de quelques heures la justice du peuple, avaient proposé la mise en accusation du ministère.*

Et voici les réflexions dont la *Presse* fait suivre cette publication :

« Et lorsque le scandale de telles palinodies est donné en spectacle au peuple attentif, l'on s'étonne que le peuple se démoralise, et que le plus détestable socialisme, celui de l'ignorance, fasse d'effrayants progrès !

« Comment le peuple ne se démoraliserait-il pas quand il voit M. Baroche, qui se glorifiait d'avoir devancé de quelques heures SA JUSTICE, occuper à Versailles le siége de procureur-général et requérir contre les accusés Ledru-Rollin, Félix Pyat, Guinard, etc., ses complices du 24 février 1848.

« Quels mots assez sévères pour flétrir le scandale d'une telle conduite et le cynisme d'une semblable apostasie !

« Il n'y en a pas. »

Messieurs, quand de pareilles choses peuvent se lire dans ce vieux pays d'honneur qu'on appelle la France, quand de pareilles accusations peuvent s'élever contre les représentants du pouvoir, quand un pareil spectacle est offert à une nation, je vous le demande, avons-nous eu raison de dire que l'ordre n'a pas de garanties suffisantes, que l'anarchie nous brûle les pieds et que la société est désarmée moralement contre les bandits qui viennent l'assaillir ?... Oui, cette situation est navrante, est horrible ; ce n'est pas seulement l'*Indépendant de l'Ouest* qui le dit, c'est la conscience publique qui le dit... Oui les révolutions sont d'effroyables calamités ; les malheurs financiers, les banqueroutes, la misère qu'elles traînent à leur suite, le deuil des familles, les ruisseaux de sang qu'elles font couler, tout cela n'est rien, comparé au désordre moral qu'elles produisent, comparé aux ravages qu'elles font dans la moralité d'une nation... Ce n'est pas impunément qu'on sème le trouble ; ce n'est pas impunément qu'on sape dans une société le principe d'autorité ; ce n'est pas impunément qu'on crie pendant trente ans aux oreilles d'un peuple : « L'insurrection est le plus saint des devoirs. » Il arrive un jour où l'insurrection se retourne contre ceux qui l'ont évoquée, et les dévore à leur tour... Oui la société est désarmée moralement quand les perturbateurs, les ennemis, les brigands contre lesquels elle demande justice, peuvent se redresser contre les organes de cette société, contre les gouvernants, et leur dire : « Vous avez fait ce que nous avons fait ; c'est à vos exemples que nous nous sommes instruits...» Oui, quand il n'y a plus rien de fixe, quand ce qui était bien la veille est mal le lendemain, quand un jour on est dans les cachots de Saint-Michel et que le lendemain on trône à l'Hôtel-de-Ville, quand tous les pouvoirs et tous les crimes ont eu leurs adulateurs, quand un tour de roue de la fortune nous montre du soir au matin les proscripteurs demandant platement places et faveurs aux proscrits, quand le succès justifie tout, quand le fait brutal est le seul Dieu, oui quand tout cela est devenu en quelque sorte l'état normal de la société, cette société est bien malade... L'incident de Versailles a mis en lumière les abîmes que les révolutions ont creusés sous nos pas ; l'*Indépendant de l'Ouest* a pensé qu'il y avait à tirer de ces faits, de cette situation, un grand et salutaire enseignement pour la société, une leçon pour tout le monde ; voilà le sentiment qui nous a dicté notre article, et ce n'est pas vous, MM. les jurés, qui nous en ferez un reproche, un crime ; vous prierez Dieu avec nous que ces enseignements profitent à la France, et vous n'hésiterez pas à prononcer l'acquittement de l'*Indépendant de l'Ouest.*

J'arrive aux deux autres articles. Mais je suis très fatigué et je demande à M. le président la permission de me reposer un instant.

(L'audience est suspendue pendant quelques minutes. Puis M. MULLER reprend la défense en ces termes :)

Après les paroles par lesquelles j'ai fini tout-à-l'heure, je pourrais peut-être m'abstenir de défendre devant vous les deux articles de l'*Indépendant de l'Ouest* dans lesquels il est parlé de la Royauté ; car, dans la situation si douloureuse léguée à la France par soixante années de bouleversements, au milieu de cette défaillance des convictions, de ce désordre des intelligences, de cette dégradation des caractères, au milieu de cette anarchie morale, qui est la grande maladie de la société, notre crime, notre unique crime est d'avoir cru qu'il y avait encore une place pour des croyances droites et sincères, notre crime est de n'avoir pas tourné au vent des révolutions, d'être resté fidèle à notre foi, fidèle à nous-mêmes. Voilà notre crime ; mais à vos yeux, MM. les jurés, qui n'êtes pas ici des hommes de parti, qui êtes des juges, ce sera notre titre d'honneur.

L'*Indépendant de l'Ouest* est un journal légitimiste, il ne s'en cache pas... Il y a encore des légitimistes en France, ce n'est rien vous apprendre... Je ne veux ici blesser aucune opinion ; toute opinion consciencieuse, je l'honore et elle mérite d'être honorée... Le mal qui tue la France ne vient pas des hommes qui ont des convictions, il vient des hommes qui n'ont pas de convictions ou plutôt qui les ont toutes, de ces caméléons, de ces Judas, de cette corruption des esprits, de cette putréfaction des consciences, honte de notre temps, cancer hideux qui ronge la société... Je ne veux point attaquer la République ; elle a été le rêve de nobles esprits. Mais je dis qu'il y a encore des légitimistes et que c'est là aussi une opinion respectable... M. le procureur-général nous a traités ici comme des ennemis du pays ; le retour de la légitimité, selon lui, ce serait le retour du servage, ce serait une immense calamité ; il ne comprend pas que nous soyons légitimistes, qu'il y ait encore des légitimistes. Il me force donc de dire ici pourquoi il y a encore des légitimistes en France... Il y a encore des légitimistes parce que la terre tremble sous nos pieds et que l'avenir est incertain ; il y a encore des légitimistes parce que l'expérience entreprise en 1830, n'a abouti qu'à une effroyable catastrophe, et qu'après dix-huit années d'un ordre factice, nous avons vu tout-à-coup à la lueur d'un coup de foudre que, sous les fausses apparences d'une espèce de prospérité, ce gouvernement sorti des flancs d'une révolution, n'avait nourri dans ses propres flancs que le socialisme et la banqueroute; il y a encore des légitimistes parce que les tristesses et les déceptions du présent n'ont pas pu effacer les grandeurs du passé, parce que la France sous ses rois est devenue la première nation de l'univers et qu'il n'est pas un pouce de son magnifique territoire qui ne doive à la monarchie son glorieux titre de terre française; il y a encore des légitimistes parce que l'on se souvient qu'après vingt-cinq années de saturnales et de folies révolutionnaires qui avaient fini par livrer la France épuisée et saignante à l'invasion étrangère, ce fut la Royauté légitime qui s'interposa entre elle et l'Europe exaspérée, qui lui rendit des jours de prospérité, releva ses finances et ses libertés, lui fit reprendre son rang à la tête des puissances, et que le dernier acte de cette royauté, son legs suprême, ce fut notre drapeau planté sur les murs d'Alger, la dernière conquête des armes françaises. Voilà, Messieurs, pourquoi il y a encore des légitimistes en France.

Sous l'empire du principe de la souveraineté nationale, toutes les opinions ont le droit d'exister et de se produire, à la seule condition de ne pas employer la violence pour prévaloir, à la seule condition de ne mettre leurs espérances que dans le suffrage universel, que dans la volonté nationale. Nous avons donc le droit d'écrire que nous sommes légitimistes. Ce n'est pas nous mettre en révolte contre la Constitution que de dire que nous sommes légitimistes. Car, quoique légitimistes, nous reconnaissons cette Constitution pour notre loi ; nous la reconnaissons pour notre loi, mais nous ne faisons pas pour elle abdication de l'avenir, car l'avenir ne lui appartient pas à elle-même ; elle n'a été établie que pour un temps déterminé. Qu'elle reste debout, nous ne voulons pas abréger son existence, qu'elle reste debout jusqu'à ce que le suffrage universel, jusqu'à ce que la souveraineté nationale en décident autrement !...

Nous sommes donc légitimistes, il y a encore des légitimistes, cela n'est pas un mystère, cela n'est pas défendu. Il y a cinquante journaux en France qui se font gloire d'être légitimistes, on ne leur intente pas de procès pour cela. L'*Indépendant de l'Ouest* a publié cent articles où il a fait sa profession de foi de légitimiste, le parquet ne s'en est pas alarmé. Il n'est pas plus défendu d'écrire qu'on est légitimiste, qu'il n'est défendu d'écrire qu'on est fouriériste, ou saint simonien, ou socialiste, ou bonapartiste...

M. LE PRÉSIDENT. — Je dois vous faire observer que ce n'est pas là le motif du procès, et que vous n'êtes pas dans la question.

M. MULLER. — L'interruption de M. le président vient à l'appui de la défense. Je suis heureux de voir que M. le président et M. le procureur-général sont parfaitement d'accord avec moi sur le caractère de ce procès..... Non, nous n'aurions pas été poursuivis pour le fait d'avoir adhéré à la légitimité, d'avoir proclamé la légitimité, si le mot ROI ne s'était pas trouvé dans nos articles. Le prétexte de ce procès est dans un mot, dans un seul mot, dans le mot ROI... Vous connaissez cette parole fameuse d'un magistrat d'autrefois : « Donnez-moi deux lignes d'un homme et je le ferai pendre. » Aujourd'hui nous sommes en progrès. Ce magistrat de l'ancien régime est surpassé. A M. le procureur-général il ne faut pas deux lignes; un mot lui suffit. Mais il s'agit de savoir si le jury de la Mayenne est d'avis qu'on pende les gens pour un mot, et cela en plein dix-neuvième siècle, à la face du soleil de Février, lequel ne doit pas être moins étonné que nous d'un pareil procès.

Oui tout ce procès est dans un mot, dans un mot de trois lettres. Rayez de nos articles le mot Roi, il n'y a plus de procès. Voilà ce qu'il importe de bien établir d'abord.

Voyons l'article publié dans l'*Indépendant de l'Ouest* du 21 octobre.

Ne nous arrêtons pas aux mots, allons au fond des choses. Ne nous préoccupons pas, pour le moment, de la qualification donnée par l'*Indépendant de l'Ouest* au représentant du principe de la légitimité; c'est là une affaire que nous viderons tout-à-l'heure. Voyons le but, la pensée, le sens de l'article.

Cet article, Messieurs, est une défense des principes de M. de Genoude; les principes de M. de Genoude sont ceux de l'*Indépendant de l'Ouest*; vous dire ce qu'était M. de Genoude, c'est vous dire ce que nous sommes, et c'est réfuter le réquisitoire du ministère public. C'est pour cela que je demande à résumer ici en quelques mots l'existence politique de M. de Genoude. Ce n'est pas un hors-d'œuvre; ce n'est pas m'écarter de la question; c'est le fond même de la défense.

M. de Genoude était légitimiste; il n'était pas absolutiste; il était légitimiste à la façon de Châteaubriand, à la façon de cette droite si éminemment libérale et nationale, qui vit encore, grâce à Dieu, et que les réquisitoires ne tueront pas. Ce suffrage universel, qu'on nous prête l'intention de renverser, et que nous aurons peut-être encore à défendre un jour contre ceux qui autrefois n'avaient pas assez de colères contre nous parce que nous combattions pour son avènement, ce suffrage universel, M. de Genoude l'avait voulu, l'avait demandé dès 1814. On n'effacera pas l'histoire ; dans les premières années de la Restauration le parti légitimiste, représenté par ses orateurs et ses écrivains les plus éminents, lutta avec énergie pour le vote universel, contre le monopole électoral inventé par les doctrinaires et imposé par eux à la Royauté... Lorsqu'en 1829 et 1830, notre vieille Royauté se trouva en face d'une opposition systématique et misérable... misérable, car sacrifiant à ses haines les plus grands intérêts de la patrie, elle alla jusqu'à conspirer avec l'Angleterre contre l'expédition d'Alger... lorsqu'il fut devenu évident que l'on cherchait à pousser la Royauté dans l'abîme d'une révolution, M. de Genoude demanda qu'au lieu de se lancer dans un coup d'État contre la liberté, la Royauté fît un solennel appel à la nation, non à la nation du privilège, non à une nation de deux cent mille censitaires, mais à la vraie nation, au suffrage universel... Et quand la monarchie légitime fut tombée sous les barricades pour ne pas avoir écouté ces avertissements, quand deux cents et quelques députés, qui avaient juré fidélité à cette monarchie, eurent sans mandat de la nation, proclamé une autre Royauté, voici ce que fit M. de Genoude. Il resta inébranlable dans ses convictions ; mais il dit à son parti : Point de conspiration, point d'insurrection, point de luttes fratricides !... Et ce n'étaient point de vaines paroles ! Lors du débarquement de madame la duchesse de Berry, lors du soulèvement de l'Ouest, M. de Genoude n'hésita pas ; il protesta hautement, énergiquement contre cette entreprise ; et il fallait du courage pour le faire ; car après tout, il y avait là de nobles cœurs qu'il blessait dans leur sentiment ; mais M. de Genoude fut impitoyable... M. de Genoude ne voulait le triomphe de ses principes que par les moyens pacifiques et réguliers, par un sincère appel à la nation, par le suffrage universel... Ce n'était pas impunément qu'on défendait, à cette époque, le principe du suffrage universel; j'en sais bien quelque chose, et le parquet de Laval aussi... M. de Genoude paya de ses propres deniers plus de 240 mille francs d'amende pour avoir réclamé le suffrage universel; mais les procès de presse, même les condamnations, n'empêchent pas les idées d'arriver; en voilà bien la preuve, et c'est là une vérité que l'on finira par comprendre généralement, je me plais à l'espérer... Déjà, depuis la révolution de Février, il nous a été donné de voir la *Gazette de France* défendue en Cour d'Assises par l'honorable M. de Thorigny, ancien magistrat qui, sous le gouvernement de Louis-Philippe, était chargé habituellement, en sa qualité d'avocat-général, de requérir contre elle, et qui après avoir été l'avocat de la répression est devenu l'avocat de la liberté; tout le monde, il est vrai, n'a pas imité M. de Thorigny, mais nous vivons en un temps où il ne faut désespérer d'aucune conversion..... Je vous ai donc dit quels étaient les principes de M. de Genoude, quels sont les nôtres... M. de Genoude avait consacré sa vie à revendiquer le suffrage universel, et le suffrage universel est devenu l'ancre de salut de la France... Il l'a sauvé de l'anarchie... En Février 1848 il arriva ce que M. de Genoude avait prévu dès 1830. La Chambre de monopole qui, en 1830, s'était servi de l'insurrection pour faire un Roi, se vit, après dix-huit années, balayée par l'insurrection avec son roi... M. de Genoude, quand la justice de Dieu eût passé, demanda qu'avant de décréter aucune forme de gouvernement on consultât loyalement la nation. Vous savez comment la République fut... improvisée par le gouvernement provisoire. M. de Genoude protesta contre cette... improvisation. M. le procureur-général vous a dit que la nation avait établi la République; je n'admets pas cela..... . . . .

M. LE PRÉSIDENT. — Il m'est impossible de vous laisser continuer ainsi...

M. MULLER. — Je crois que M. le président a mal compris mes intentions...

M. LE PRÉSIDENT. — Non... voilà déjà plus de dix minutes que j'aurais pu vous interrompre. Vous aviez dit que vous ne passionneriez pas le débat, et vous ne cessez pas d'attaquer avec violence toutes les opinions, tous les gouvernements, la République, le gouvernement des dix-huit années... C'est dans votre intérêt, dans l'intérêt de la défense, que je vous invite à changer de langage...

M. MULLER. — J'ai attaqué le gouvernement de 1830... Mais il n'est protégé ici par aucune loi. Je ne l'aurais pas attaqué si je n'y avais pas été en quelque sorte contraint par M. le procureur-général, qui dans son réquisitoire nous a présenté ce gouvernement comme l'expression de la souveraineté nationale... Quant à celles de mes paroles qui ont pu paraître blessantes pour la République, je m'empresse de les retirer... Je continue. Après la proclamation de la République, comme après la révolution de 1830, M. de Genoude dit à son parti : Point de violence, point de guerre civile ! Ayons confiance dans la sagesse de la nation, ayons confiance dans le suffrage universel ! Henri V ne doit revenir que par le vœu national, librement et pacifiquement exprimé, sans secousse, et sans qu'une goutte de sang français puisse lui être reprochée ! Tel fut le langage de M. de Genoude, tels étaient les principes de M. de Genoude ! tels sont nos principes ! Sont-ce là les principes d'un mauvais citoyen ?...

Eh bien ! qu'y a-t-il dans l'article de l'*Indépendant de l'Ouest* ?

Une lettre avait été adressée au fils de M. de Genoude par celui en qui se personnifie aujourd'hui le principe que M. de Genoude croyait essentiellement nécessaire à la France,

Une phrase de cette lettre fut malignement interprétée par plusieurs journaux. On s'efforça d'induire de cette phrase que le fils des Rois, que le représentant actuel du principe de la légitimité, désapprouvait les idées si éminemment nationales de M. de Genoude ; on voulut faire croire qu'il avait une autre ligne, d'autres vues, qu'il rêvait son rétablissement par d'autres moyens, qu'il plaçait ailleurs que dans le libre assentiment de la France ses espérances, qu'il méditait la Restauration par la guerre, par la violence.

Qu'avons-nous fait dans notre article ? Nous avons protesté contre ces fausses interprétations, contre ces suppositions injurieuses, contre ces calomnies. Nous avons repoussé énergiquement toute pensée de guerre civile. Nous avons voulu rassurer le pays et constater que pour notre compte, nous ne mettions nos espérances que dans la volonté nationale, que dans le suffrage universel. Je le déclare hautement, je considérerais comme un malheur, le retour de la légitimité par l'insurrection ; ce qu'une insurrection apporte une autre insurrection l'emporte ; la légitimité c'est notre foi, vous ne pouvez pas l'arracher de notre cœur ; mais nous n'entendons pas vous l'imposer ; nous n'entendons l'imposer à personne ; ce que nous demandons c'est une place au soleil de la liberté, c'est la permission de nous adresser à votre raison, la permission de discuter nos convictions comme, juste ciel ! il est bien permis à Proudhon, à l'impie négateur de la divinité, de discuter les siennes, et si la vérité est de notre côté, si l'avenir est à nos idées, qu'elles ne prévalent, qu'elles ne triomphent que le jour où vous-même, M. le procureur-général, vous les aurez acceptées, que le jour où la France, désabusée de l'expérimentation révolutionnaire, les acclamera elle-même, spontanément et librement ?

Voilà nos principes ! Voilà l'article de l'*Indépendant de l'Ouest* ! Et c'est un pareil article qu'on poursuit ? Ah !

plût à Dieu que le langage de tous les partis fût aussi pacifique, aussi national, aussi français que le nôtre !

Eh ! qu'importe après cela qu'en parlant du représentant de notre principe, nous ayons écrit le comte de Chambord, le duc de Bordeaux, Henri de France, Henri V ou le Roi ! Qu'est-ce qu'un procès qui ne repose que sur un mot ? Qu'on me prouve donc quel mal ce mot a pu faire ! Parce que nous aurons appelé le petit-fils de Saint-Louis, comte de Chambord ou Roi, sa position sera-t-elle changée ? Nous l'avons appelé le Roi ; règne-t-il pour cela ? Non, et tout le monde s'en aperçoit assez. L'heure de son avénement s'en trouvera-t-elle avancée d'une minute ? Et tout l'article ne proteste-t-il pas suffisamment contre toute idée de l'imposer par la violence, contre toute idée de le ramener malgré la France ?

Voyons, Messieurs, l'autre article, le dernier article incriminé. Cet article n'a d'autre but que de répondre aux accusations élevées contre le précédent, que de démontrer qu'il n'y a pas de délit dans celui-ci. Il est donc évident que si le premier n'est pas punissable, le second ne l'est pas, et que la cause gagnée sur le premier, elle l'est aussi sur le second.

(Après avoir lu l'article du 2 novembre, M. Müller continue ainsi :)

M. le procureur-général ne paraît pas très satisfait de l'explication donnée dans cet article au sujet du mot *Roi* ; il ne la trouve pas suffisante. Je vais la compléter.

Messieurs, il y a des royalistes ; c'est un fait incontesté et qu'il est parfaitement permis de proclamer... Puisque donc il y a des royalistes, il doit y avoir nécessairement un Roi. S'il n'y avait pas de Roi, il est évident qu'il n'y aurait pas de royalistes..... Qu'on me cite un journal qui ait été traduit en cour d'Assises pour avoir écrit qu'il y avait des royalistes ; je ne comprends donc pas que l'on traduise devant vous l'*Indépendant de l'Ouest* pour avoir écrit qu'il y a un Roi.....

Il y a des royalistes comme il y a des socialistes. Roi, socialisme, voilà les deux mots qui expriment les deux idées opposées à la réalisation, à l'avénement desquelles tendent ces deux partis. Or, est-il venu jamais à l'esprit d'un parquet de poursuivre un journal socialiste pour le seul fait d'avoir parlé du socialisme? Non... Pourquoi donc poursuivre un journal royaliste pour le seul fait d'avoir parlé du Roi?

Il n'y a pas de Roi aujourd'hui, nous dit le ministère public, car nous sommes en République..... Nous sommes en République, qui peut en douter? Mais cela n'empêche pas l'existence d'un Roi, d'un Roi qui, à la vérité, ne règue pas, qui peut-être ne régnera jamais..... Le socialisme, lui aussi, ne règne pas, je souhaite même qu'il ne règne jamais, cela n'empêche pas l'existence du socialisme,.... et pour ma part je crois qu'il est bien plus à craindre que le Roi.....

Encore une fois, Messieurs, toutes les opinions ont aujourd'hui le droit de se produire, de se manifester par la discussion. Ce n'est pas attaquer la Constitution que de se dire légitimiste, puisque nous ne cherchons pas à renverser la Constitution par la force, et que nous acceptons pour juge de nos principes la volonté nationale, proclamée souveraine par la Constitution..... Ce n'est donc pas un délit que de se dire légitimiste, que de se dire partisan de la légitimité. Et l'on voudrait nous interdire de donner le titre de Roi au représentant du principe de la légitimité! Mais qu'est-ce donc que la légitimité? C'est le principe de l'hérédité royale, par ordre de primogéniture de mâle en mâle. Le Roi est mort, vive le Roi! voilà le principe de la légitimité, voilà le principe qui a gouverné la France pendant huit siècles..... Avec la légitimité, point d'interruption dans la succession; le Roi mort, la Royauté revit immédiatement dans son héritier..... Que cet héritier soit un enfant mourant au bout de deux jours, qu'il passe sa vie tout entière au fond d'un cachot ou dans l'exil, qu'il ne règne jamais de fait même l'espace d'une minute, il n'en est pas moins Roi, il n'en prend pas moins rang sur la liste des Rois à partir de l'heure où le dernier Roi a cessé de vivre..... Le fils de Louis-le-Hutin, quoique n'ayant vécu que cinq jours, porte dans l'histoire le titre de Jean Ier..... Le règne de Henri IV date de la mort de Henri III, quoique il n'ait été reconnu que beaucoup plus tard... Le fils de Louis XVI figure sur la liste de nos rois sous le nom de Louis XVII, quoiqu'il n'ait jamais régné. Et, croyez-le bien, ce n'est pas là de l'enfantillage... Ce fut le respect de nos pères pour ce principe inflexible de la légitimité, qui fit la grandeur, l'unité et l'indépendance de notre patrie... Si après la mort de Charles VI, le principe de la légitimité n'avait pas été soutenu dans la personne de son fils, Charles VII, contre les prétentions du Roi d'Angleterre au trône de France, nous serions peut-être Anglais aujourd'hui... Je n'attaque point ce qui existe maintenant, je parle de ce qui a existé dans le passé. La légitimité que je n'appelle pas moi le droit divin, comme l'appelle M. le procureur-général, mais que j'appelle l'œuvre de la sagesse des siècles, fut instituée et maintenue pendant huit cents ans pour préserver la France des luttes et des déchirements dans lesquels ont péri la plupart des États où le pouvoir avait le principe électif pour base... Voilà donc le sens de ce mot légitimité, voilà ce qu'on entend par la légitimité... Par conséquent, aux yeux des partisans de la légitimité, le petit-fils de Charles X est aujourd'hui le Roi ; être légitimiste, c'est reconnaître Henri V pour Roi, ce n'est pas autre chose... Or donc, puisqu'il n'est pas défendu de se dire légitimiste, il ne peut pas être défendu de dire que Henri V est le Roi selon les légitimistes.

Messieurs, toute cette argumentation est sans réplique, et la défense pourrait s'en contenter. Pourtant je n'ai pas fini.

Je vous ai parlé tout-à-l'heure de Louis XVII qui prend rang entre Louis XVI et Louis XVIII sur la liste de nos Rois, quoique la Royauté fût abolie depuis quatre mois lorsque la tête de son père tomba sur l'échafaud révolutionnaire, et quoique l'horrible prison du Temple eût recueilli depuis longtemps le dernier soupir du royal orphelin, lorsque la Royauté fut de nouveau reconnue en France... Personne n'a jamais songé à ravir à cette infortunée victime de la Révolution le droit de survivre dans l'histoire sous le nom de Louis XVII... Et l'on vient disputer ce titre de Roi au petit-fils de Charles X!... Mais que l'on brûle donc les archives de France ; car elles attestent que Henri, cinquième du nom, a été Roi, Roi de France, la Royauté légitime encore debout, sa déchéance non prononcée encore.

La déchéance de la Royauté légitime ne fut décrétée que le 7 août 1830. Par conséquent, le 7 août au matin, cette Royauté avait encore, si je puis m'exprimer ainsi, son existence légale. Qui était donc Roi?... Était-ce Charles X? Non, il avait abdiqué. Était-ce son fils? Non, il avait abdiqué aussi. Qui donc était Roi? Henri V!... Ce n'est pas du roman, ce sont des faits acquis, accomplis, incontestés, incontestables... Le 1er août Charles X rend une ordonnance datée de Rambouillet, qui nomme le duc d'Orléans lieutenant-général du royaume ; le 2 août le général Latour-Foissac vient à Paris avec la mission de remettre au duc d'Orléans un acte par lequel Charles X et son fils, Louis XIXme du nom, ont abdiqué en faveur de Henri V... Cet acte est-il considéré comme nul et non avenu par le duc d'Orléans? Non, car quelques heures après il dit lui-même à M. de Schonen : « Cet enfant c'est votre Roi... » Henri V est donc le Roi, Louis-Philippe est lieutenant-général du royaume, il n'est que cela encore... L'acte d'abdication est renvoyé par lui aux Chambres ; c'est M. Guizot qui en donne communication officielle à la Chambre des députés ; cela se passe le 6 août ; une discussion s'élève, M. Mauguin et plusieurs autres demandent que la Chambre prononce immédiatement la déchéance de la Royauté en repoussant cette communication ; mais la Chambre, après en avoir délibéré, ordonne que l'acte d'abdication sera déposé aux archives du royaume... C'est donc reconnaître que cet acte a une valeur, qu'il n'est pas nul, que Charles X a abdiqué, que Louis XIX a abdiqué, et que Henri V est Roi... L'émeute gronde à Paris depuis le 26 juillet, mais la monarchie est toujours debout ; ce n'est que le 7 août que la Chambre des députés décrète la déchéance de la branche aînée des Bourbons.

Henri V a donc été Roi du 2 août 1830 au 7 août. Il a porté ce titre dans des actes publics déposés aux archives de France, et ce titre est indélébile, vous ne pouvez pas le lui arracher.

Il ne règne pas... Eh qu'importe !... Louis-Philippe lui aussi ne règne plus, et cependant chaque jour je vois des feuilles publiques où je lis : Le roi Louis-Philippe... Quand l'empereur n'avait plus d'autre empire que son rocher au milieu de l'Océan, on l'appelait toujours l'empereur...

Pourquoi donc vouloir ravir à Henri V son titre ? Est-il moins respectable que celui des autres ? Quel mal vous a fait Henri V ? Quel crime avez-vous à lui reprocher ? et que prétendez-vous ?... Pouvez-vous l'empêcher d'être ce qu'il est, d'être ce que l'a fait sa naissance, d'être ce que l'a fait l'histoire, d'être ce qu'il sera dans l'histoire ?... Nommez-le comme vous voudrez, il restera l'auguste personnification d'un grand principe, l'héritier d'une race glorieuse entre toutes les races... Le sang qui coule dans ses veines est le plus noble et le plus illustre sang qu'il y ait au monde. Il a coulé pendant des siècles sur les champs de bataille pour la grandeur de la France et pour le triomphe de la civilisation chrétienne... Je ne sache pas que ce soit attaquer la République que de rendre hommage au passé ; j'ai une plus haute idée de la République ; elle serait pour moi la plus indigne et la plus misérable des choses, si, pour exister, pour se maintenir, elle avait besoin de détruire les annales de la patrie, de calomnier l'œuvre de nos pères... C'est un républicain, c'est Carrel qui a écrit : « Les Bourbons ont fait la carte de la France. » Il n'en coûte pas à un noble esprit de rendre hommage à la vérité... Nous sommes Français avant tout, et nous pouvons le dire avec fierté, de même que sous le Ciel il n'y a pas de nation comparable à la France, de même sous le Ciel il n'y a pas de race royale comparable à celle qui a créé la France par son génie et son épée... Non, ni dans les temps anciens, ni dans les temps modernes, ni dans aucun pays, rien ne s'est vu de pareil à cette lignée de Rois dont l'origine va se perdre dans la nuit des âges, qui remplit pendant huit siècles l'Univers de sa renommée, et dont l'histoire est l'histoire tout entière du progrès humain depuis les ténèbres du moyen-âge jusqu'à l'apogée de la civilisation... Et si tout cela n'est plus qu'un tombeau, si tout cela n'est plus que cendres et poussière, si telle est la volonté de la Providence, qu'il nous soit permis du moins de nous incliner devant la majesté de ce tombeau... cette majesté aucune puissance de la terre ne peut la lui enlever ;... qu'il nous soit permis de donner à cette poussière son nom... Si la monarchie est engloutie à jamais, si tout est fini pour elle, pourquoi disputer au dernier débris du naufrage, le titre que lui a légué l'histoire ?... J'ignore quel est l'avenir que Dieu réserve à ma patrie ; mais ce n'est pas un mot, mis aujourd'hui à la place d'un autre mot, qui changera les décrets de la Providence.

J'ai presque honte d'une si longue défense. Ce procès est-il sérieux ?

N'ai-je pas d'ailleurs, pour en finir d'un seul coup, n'ai-je pas là un arrêt qui depuis longtemps a tranché la question ?... Voici un livre paru en 1833. Il a pour titre : *Mémoire sur la captivité de Mme la duchesse de Berry*. Il a pour auteur Châteaubriand ; Châteaubriand, ce grand cœur, ce grand esprit, qui ne renia jamais sa foi, qui resta intègre et fidèle à ses convictions au milieu des lâchetés de son époque, et que nous avons vu descendre dans la tombe, entouré de l'estime et de l'admiration universelle, tandis que nous voyons chaque jour s'éteindre au milieu du mépris public les plats thuriféraires de tous les régimes, les serviles courtisans de la fortune, les adorateurs du veau d'or et du fait accompli. Écoutez ce que Châteaubriand disait :

« Illustre captive de Blaye, MADAME ! que votre héroïque présence sur une terre qui se connaît en héroïsme, amène la France à vous répéter ce que mon indépendance politique m'a acquis le droit de vous dire : *Votre fils est mon Roi !* »

Ce livre avait une autre importance que les articles de l'*Indépendant de l'Ouest* ; et quelle différence entre les situations ! Le trône était occupé par un homme qui avait la prétention, lui, d'être le Roi, le seul Roi ; ce titre de Roi, donné à Henri V, pouvait porter ombrage à l'homme dont je parle, mettre en doute la légitimité de la Royauté qu'il s'attribuait... Puis, le sol était encore frémissant de la guerre civile ; l'Ouest venait de s'insurger ; les esprits étaient en feu ; entre le gouvernement et le parti légitimiste, il y avait une guerre à mort.:... Pourtant, déféré au jury, ce livre fut acquitté.

La question est donc jugée, et comment ne le serait-elle pas ?

Nos contrées de l'Ouest ont-elles jamais été plus calmes,

plus tranquilles? L'ordre public est-il menacé par un soulèvement légitimiste? Notre concours, celui de nos amis, a-t-il fait défaut une seule fois à la société, dans cette lutte entre la civilisation et la barbarie, qui dure depuis deux ans? Faut-il que je rappelle l'abnégation, le désintéressement avec lequel nos amis, nos représentants à l'Assemblée, n'ont pas cessé de soutenir le pouvoir actuel? Que nous demandez-vous donc? N'est-ce pas le moins que nous ayons le droit d'avoir nos convictions, de ne pas renoncer à l'avenir? Êtes-vous bien sûr que vous-même vous ne nous aurez pas reconnaissance un jour d'avoir conservé dans nos cœurs le dépôt sacré de ces principes, auxquels nous croyons lié le salut de la France?... Vous prétendez que c'est commettre les délits d'attaque à la Constitution et d'attaque à la souveraineté du peuple que d'écrire que Henri V est le Roi. Où avez-vous pris cela? Henri V est le Roi, cela empêche-t-il la République d'être la République? Est-ce que nous forçons qui que ce soit de préférer le Roi à la République? Tout le monde est parfaitement libre dans ses convictions. Vous pouvez dire à Henri V : « Roi, nous te repoussons, Roi, nous te détestons, Roi, sois maudit, nous ne voulons pas de toi. » Mais pouvez-vous lui enlever son caractère, sa qualité, son nom? Et ce titre de Roi que nous lui donnons dans nos articles, est-il une attaque à la Constitution ou à la souveraineté du peuple, quand nous vous disons à chaque ligne qu'il ne doit régner que le jour où la Constitution aura cessé d'être la loi du pays, que le jour où le peuple voudra qu'il règne, quand enfin lui-même, le fils des Rois, celui que nous appelons le Roi, vous a dit devant l'Europe : Tout par la France ou pas !

Je n'ai rien à ajouter. Je ne doute pas du verdict de MM. les jurés. Ils peuvent ne pas partager mes sentiments politiques. Mais ils ont conscience de la haute mission qu'ils vont remplir. La justice est sainte et immuable ; elle plane au-dessus des révolutions, au-dessus des passions politiques, des querelles des partis. C'est avec une entière confiance que nous attendons son arrêt !

M. LE PROCUREUR-GÉNÉRAL a la parole pour la réplique.

Il ne m'est pas permis, dit-il, d'ignorer le verdict rendu aux dernières Assises par le jury de la Mayenne. Nous respectons cette décision, mais nous avons le droit de poursuivre les nouvelles publications de l'*Indépendant de l'Ouest*. Le jury, dans ses éléments accidentels, est indépendant et du présent et du passé.

Le défenseur nous a reproché de n'avoir pas fait toucher du doigt la culpabilité de l'*Indépendant de l'Ouest*. Cette observation m'arrache un aveu, je déclare que je comptais sur lui pour mieux faire éclater la criminalité des articles ; mon espérance n'a pas été trompée. Tout ce que nous lui reprochions d'avoir dit en dix lignes, il l'a répété et développé dans toute sa plaidoirie.

M. le procureur-général combat ensuite la doctrine de la liberté illimitée. Il dit que chacun est libre de conserver ses affections, qu'il ne défend à personne d'en conserver pour le comte de Chambord, mais qu'il ne peut pas permettre qu'en présence de la Constitution on déclare qu'il y a un Roi. Il soutient que le principe de la Royauté héréditaire est la négation de la souveraineté nationale, la négation des libertés publiques, la négation de tous les droits du peuple. La nation ne veut plus de la royauté. Jamais sous la République elle ne traversera de plus rudes époques que celles qu'elle a traversées sous la monarchie.

Il est faux, continue-t-il, que la République ait été imposée à la nation. La Constitution n'a pas été fondée en un jour, elle n'a été proclamée que lorsque la société était déjà rétablie sur ses bases. L'*Indépendant de l'Ouest* prêche l'appel au peuple, mais il ne croit pas à l'appel au peuple. Son but unique est de renverser ce qui est aujourd'hui. C'est la guerre civile qui peut sortir de pareilles publications et le jury de la Mayenne n'a pas perdu le souvenir des luttes qui ont ensanglanté les pays de l'Ouest.

M. le procureur-général revient sur le troisième article incriminé.

Quel était donc, dit-il, cet incident de Versailles ? Selon M. le procureur-général l'expédition de Rome n'a été qu'un prétexte pour l'insurrection. Le défenseur a parlé de l'évidence de la violation de la Constitution, mais il ne l'a pas démontrée. L'évidence est contre l'*Indépendant de l'Ouest*, car l'Assemblée législative, juge souverain, a déclaré que la Constitution n'avait pas été violée.

L'audience est de nouveau suspendue pendant quelques instants. A la reprise M. Muller a la parole pour la réplique.

M. Müller repousse d'abord, au nom des légitimistes, plusieurs reproches qui leur ont été adressés par M. le procureur-général. Les libertés dont nous jouissons, dit-il, nous les devons à la Royauté. C'est elle qui a détruit la féodalité, c'est elle qui nous a donné le régime représentatif. La liberté n'exista ni sous la première République, ni sous l'Empire; ce fut la Restauration qui nous rendit une presse libre et une tribune libre; l'histoire est là qui proteste contre les accusations du ministère public.

M. le procureur-général, poursuit le défenseur, a défini à sa manière la liberté de la presse; je vais lui opposer l'autorité de grands noms qui aujourd'hui sont à la tête des affaires de notre pays.

Après avoir cité des passages d'écrits et de discours de M. Thiers, de M. Odilon Barrot et de plusieurs autres, en faveur de la liberté illimitée, M. Müller continue ainsi :

Ainsi, Messieurs, dans l'opinion de ces hommes éminents, les procès de presse sont en tout temps de mauvais moyens de gouvernement. Je pourrais citer beaucoup de magistrats qui se sont acquis dans ces luttes un grand renom, mais je voudrais bien que l'on me citât un seul gouvernement à qui elles aient profité. Sous le régime républicain, sous le régime de la souveraineté nationale, un procès de presse, s'il n'est pas justifié par une impérieuse nécessité, devient une espèce d'attentat au principe du gouvernement. Nous sommes accusés d'attaques aux institutions républicaines; c'est ce procès qui est une attaque aux institutions républicaines, car la première de ces institutions c'est la liberté de la presse. Si j'étais républicain, je serais profondément attristé d'un pareil procès. Je n'accuse pas les intentions de M. le procureur-général, mais je crois qu'il se trompe. Il nous a dit que la République était encore une chose toute nouvelle; il est fort possible qu'il n'ait pas encore eu le temps de s'habituer à ce nouvel ordre de choses, d'en comprendre parfaitement l'esprit. Puis il croit avoir en affaire de presse une expérience qu'il n'a pas.

M. Müller établit que ce que le législateur a voulu réprimer, c'est l'appel à la violence, la provocation à la révolte. Il rentre ensuite dans la discussion des articles incriminés et démontre qu'il n'y a rien dans ces articles qui ressemble à un appel à l'insurrection, qu'au contraire l'*Indépendant de l'Ouest* ne cesse pas de protester contre la violence.

Arrivant à l'article où il est parlé de la violation de la Constitution, il s'étonne que M. le procureur-général lui ait reproché de ne pas avoir démontré le fait de la violation. Si je ne l'ai pas démontré, dit-il, c'est qu'on ne me l'a pas permis. Du reste, voici un fait qui a son éloquence. Il y a peut-être en France 250 journaux qui ont soutenu que la Constitution avait été violée, il n'en est pas un seul qui ait soutenu le contraire. Lisez les journaux qui servent d'organes à la majorité, que vous disent-ils? que la Constitution a été conçue dans un esprit révolutionnaire, qu'elle est une outre à tempêtes. Est-ce la faute de l'*Indépendant de l'Ouest*, si tel est l'état des choses?

Le défenseur donne lecture d'un grand nombre d'articles de journaux et termine ainsi :

Oui, Messieurs, nous sommes légitimistes; oui, nous confessons, nous avouons hautement nos principes. Ce qui est dans notre cœur est dans nos paroles. Mais qui que vous soyez, orléanistes, bonapartistes, républicains, socialistes, vous savez comprendre une généreuse conviction, vous savez lui accorder votre estime même en ne la partageant pas, et vous ne nous ferez pas crime de n'être ni lâches, ni hypocrites, et de professer à la face de tous notre foi politique.

Permettez-moi, en finissant, de rappeler un des épisodes les plus remarquables des massacres de septembre 1792..... Vous connaissez l'histoire de cette boucherie effroyable, de ces exécutions en masse, de cette orgie de cannibales qui, après 58 ans, est encore la terreur de tous les esprits. Je n'essaierai pas de décrire l'horrible spectacle que présenta Paris; le sang ruisselant partout, partout des scènes de carnage sans nom dans la langue ; les prisons transformées en abattoirs humains ; puis les hôpitaux envahis par la bande infâme dans l'ivresse du crime, femmes, vieillards, enfants, jusqu'aux aliénés de la Salpêtrière, tout cela égorgé, fusillé, écharpé, assommé, brûlé. Que vous dire ? c'était quelque chose qui ne se raconte pas ; voici le fait dont je veux vous parler.

A l'Abbaye siégeait une espèce de tribunal ; ce n'étaient pas des hommes, c'étaient des tigres qui le composaient ; c'était une véritable hyène, Maillart, d'exécrable mémoire, qui le présidait. Les victimes étaient amenées, interrogées, condamnées à mort et exécutées en quelque sorte sous les yeux de l'épouvantable tribunal ; il n'y avait pas d'acquittement, on ne faisait pas grâce. Tout-à-coup on amène un homme, un ancien et brave officier, le journaliste Journiac-Saint-Méard. Le bruit de la fusillade, les sanglots des condamnés, les cris des mourants arrivent de toutes parts à ses oreilles pendant qu'on procède à son interrogatoire. Le président lui demande : aimez-vous la révolution ? Journiac répond : j'ai toujours désiré la réforme des abus, mais je ne suis ni Jacobin, ni Feuillant. Vous nous dites que vous n'êtes ni ceci, ni cela, réplique la bête féroce, qu'êtes-vous donc ?

Ce que je suis, je suis un franc royaliste, dit Journiac en promenant sur l'atroce tribunal un regard qui fit baisser la tête aux monstres. Cette parole courageuse faisait l'effet d'un coup de foudre sur ces lâches égorgeurs qui n'étaient si hardis dans la scélératesse que parce que tout tremblait autour d'eux. Un murmure sinistre courut dans la foule avide de meurtre, qui se pressait derrière Journiac de Saint-Méard. Mais une voix s'élève aussitôt. Silence ! fit-elle, nous ne sommes pas ici pour juger les opinions, nous sommes ici pour juger les résultats. Tout fut muet. Journiac-Saint-Méard exposa alors qu'il n'était ni un conspirateur, ni un fauteur de guerre civile, qu'il croyait la Royauté nécessaire au bonheur de son pays, qu'il croyait aussi que la Royauté seule pouvait accorder la vraie liberté, parce que la liberté n'est compatible qu'avec un pouvoir fort, qu'il était donc royaliste, mais qu'il ne voulait le rétablissement de la Royauté que pacifiquement, par le vœu national, que tels étaient ses principes et qu'après cela il était prêt à mourir s'il fallait mourir. Et Journiac-Saint-Méard fut acquitté, et non-seulement il fut acquitté, mais il fut emporté en triomphe jusque chez lui par ce même peuple qui, quelques instants auparavant, brûlait de se repaître de son sang...

C'est que, Messieurs, dans ce noble pays de France, même dans le délire du crime, une noble conviction est toujours sûre de trouver écho.....

C'est que, Messieurs, quand le mot de liberté est écrit sur tous les murs, il n'y a rien à répondre à cette parole qui contribua à sauver Journiac-Saint-Méard : « Nous ne sommes pas ici pour juger les opinions, nous ne sommes ici que pour juger les résultats. »

Cette parole sera présente à votre esprit quand vous serez dans votre salle de délibération pour prononcer sur le sort de l'*Indépendant de l'Ouest*.....

M. le président fait le résumé des débats avec une grande impartialité et un talent remarquable.

Le jury se retire pour délibérer et revient après une demi-heure, avec un verdict négatif sur toutes les questions.

En conséquence, M. le président prononce l'acquittement du gérant de l'*Indépendant de l'Ouest.*

Imprimerie de H. GODBERT, rue de la Trinité, 25, à Laval.

www.ingramcontent.com/pod-product-compliance
Ingram Content Group UK Ltd.
Pitfield, Milton Keynes, MK11 3LW, UK
UKHW020352250726
13967UKWH00005B/2249

9 782013 044479